JN410322

만인시인선·79

동해 푸너리

방종헌 시집

동해 푸너리

만인사

시인의 말

동해, 파란만장의 서사가 있다.
동해는 반복 없는 서사이다.
늘 긴장한다.
바닷사람들의 삶 또한 그렇다.
한번도 같은 모습이 없는 파도를 닮았다.
그러려니 하는 바다는 겉이고 평범하다.
바다의 속은 평범을 거부한다.
나는 아직 그 겉에서 어정거리고 있다.
그 속을 열어가고 싶다.
동해 푸너리, 그 서사의 바다.
나는 고독한 길을 걷는다.

차 례

2. 심연의 귀 열면

3. 파도 노는 양 볼작시면

차 례

5. 푸너리 사설

차 례

1

복사꽃 풍랑

등대

바다였던가
노물 복숭밭이었던가

몇 번이나 무너졌던가
일상 반복되는 저 좌절 앞에서도
무한의 생명을 일구는
일렁이는 초록
별밭 속으로 하얗게 눈물을 펼쳐
손수건 같다
자잘하게 꽃잎이 수놓아진,
암술의 꽃대가 동그랗게 도드라진 등대
얼마나 많은 꿈 눅이며 무명중생이 오갔을까

벼랑을 치는 파도 소리로
복숭밭 한점 등대같은 아비가 섰다

복사꽃 풍랑

1

바다를 향해
복사꽃 가지 흔드나니
바다 넘어 멀리 떠난 영혼들아
억세고 질긴 귀신네들아

지귀(志鬼)의 노여움 돋구지 말고
산지사방 흩어져 소식 끊긴 남정네 넋이라도 좋으니
고이 찾아오라고, 고이 모셔오라고

난바다 물목 향하여
복사꽃 가지 흔드나니

어린 자식
눈에 삼삼 그려지지도 않느냐

2

느티에 소지를 내걸던 마음들이
저만의 골목에서 빠져나와 흐느꼈다
파도에 밀려난 달빛이
누렇게 시든 거품 골목에 뿌렸다

무사를 빌었으나
담장 흔들며 파도가 울었다

그을린 처마끝 닮은 감나무
초록잎이 새까맣게 물들도록
길섶으로 채송화들도
잘 갈린 낫처럼 바람 되어

복사꽃 풍랑이 골목마다 끓고 있었다

그 들녘, 복사꽃

복숭아꽃에는
한백 년 흐르는 오십천의 봄이 있다

제 몸에 깃든 어둠의 시간을
조용히 가셔내며 초록 눈 뜨는 봄이 있다

할 일이 많지만 몸 내려놓으신 당신
할 일은 남은 이들 몫으로 두신 뜻대로

수액으로 응어리진 복숭나무
제 밑둥의 거칠어진 생각을 벗겨내면

비로소 투명하게 보이는 동해 맑음
오래도록 흐름에 맡기신 뜻대로 아버지

꿈꾸는 봄 바다, 거울 하늘 속으로
한백 년 흐르는 복숭아꽃 피고 있었다

횃대

햇살 바른 대청에 앉아
느리게 홀치기하던 어머니에게
공작을 수놓은 휘장 안은
참 많은 것들 꿈같이 내걸렸지

모래더미에서 미끄러지듯 숨는
기름종개처럼 어제는 잡히지 않고
휘장을 접어 올리면
논도랑 풀섶 헤집던 낡은 무릎 드러나듯
옷가지들, 채 기워내지 못한 슬픔 걸려 있었지

마당에 오래 그늘 지우고 선
초록 감마냥 떫지만 않았으면
한 사람이 거느릴 수 있는 풍경은
때론 하늘에서 펼쳐질 수 있으니
매듭이 흐트러져 다시 풀고 감고
봄볕도 감겼다가 풀려나는
그 마음의 횃대 어찌했을까

오십천

1

오십천 건너 메골 비알밭
미끄러지며 지게로 내린 복숭아

통조림 업자와 또 싸웠다
멀쩡하니 물렀느니 논쟁이다

하릴없이 물수제비나 쏘아낸다

은어가 튀어오르면서 노을 적신다
무릉산 들고 섰던 오십천 강물, 고요가 깨진다

아무 일도 없었던 듯이
퇴짜맞은 복숭아 싣고 집으로 가는 길

집은 언제쯤 익숙해질까

2

물이 넘쳤고 가슴 높이 찬 물길에는 경운기도 소용이 없다 튜브에다 널빤지를 얽어 여섯 상자씩 복숭아를 강 이편으로 옮긴다 물바닥을 구르는 돌멩이가 무릎을 치고 수시로 미끄러진다 복숭아에 덮치는 황톳물 해종일 물길 오가며 옮겨다 둔 복숭아, 황톳물에 볼품없다 그 마음 어디 둘까 어두워진 강변에 등을 펴고 누으면 씻은 듯 맑은 별이 환해지며 눈물에 가득 번진다

3

며칠이나 이어진 홍수에 물 건너지 못하고
물길 가라앉아 메골 밭에 들어서면
물러 떨어진 복숭아가 지천으로 깔려 있다
계곡 구석 자리까지 굴러내린 복숭아엔
쓰린 단내 속 대왕나비만 가득 앉았다

근심만큼 깊어진 체념의 여름이었다

대청마루에 걸터앉아

봄볕이 꽃보다 화사한 날
먼 산 철쭉이 울섶까지 내려오는 그런 날이 있다

귀 어둑해진 어머니와
대청마루에 해바라기 나와
무릎 까닥거리면 그림자와 함께
섬돌 위 봄볕이 꽃보다 화사한 날이 있다

정수리가 훤해진 뒤
엄마라고 부르는 것 또한 정겨워

열다섯 이후 늘 꿈꾸던
바다 그 화사한 봄볕

이젠 흔하디 흔한 말이 되었지만
대청 깊숙이 들어와 노는 햇발도 없고
햇발과 함께 걸터앉아 까치발 놀 섬돌도 없다

어머니

이름이 필요했다
그래야 누군가의 마음에 남지 않을까
한 백 년은 머물렀던 이 바다 앞에서
바다 깊이 생명 삼키는 사막처럼 몸집 불려가는 가을
심청을 안고 떠오른 연꽃 같은 손길
어디 없을까
이름이 있고 없고 누가 기억이나 할까
저 강아지풀처럼 오고 가는
바리떼기 닮은
어머니
이름 한번 불러 드려야겠다

나ᄆᆞ자기 구조개랑

영양 수비 골짜기에서
칠보산 너머 바다까지 가기만 하면
나ᄆᆞ자기 구조개를 먹고도 살 수 있을 듯
먹고 사는 일밖에 일이 없는 듯
그리운 이들처럼 바다에 이르면 흔적 없네

쉬이 손내밀 바다도 아닐 뿐더러
바닷가 사람들 또한 억세어
막막해지는 것, 파도탓 만은 아니다
한 번도 세상으로부터
위로받은 적이 없는 천것이라고
모멸을 견딘 사람들,
스스로 파도에 뜯겨나
모래밭에 밀려나 썩어가는 바닷말이라고

삼줄이 질겨도
이 바다에서는 맥을 놓고
샛바람 휘도는 물목에서 넋을 잃는데

마른 해초 엉겨 내걸린 그물 몇 동아리에
버리고 간 옷자락과 오갈 데 잊은 마음 몇
나ᄆᆞ자기 구조개랑 먹고 바ᄅᆞ래 살어리랏다

다시 돌아왔지만

노물, 그 외진 바닷가
몇 번이나 뒤돌아 보았다

꼬리 치켜든 파도가 달려왔다
정거장 빠져나갈 때까지 아무도 오지 않았다

뒤늦게라도 누군가 마중 왔다면
아마도 내 어제들이 바뀌었을까

파도가 꼬리를 말고 시간을 밀며 갔다
다시 돌아왔지만
빈 뜰, 태반이나 잃어버린 돌담
파도가 다시 달려와 줄까

집으로 돌아갈 수 있을까
파도 앞에 저만치 서 있다

울음 가락

눈물을 제 때 흘리지 못하여
제대로 우는 법을 잃어버렸다

덩달아 파도도 물결을 타는 법을 잃어
이리저리 찢어지는 구름길에다
철이 든 뒤에는 가락을 살리는 일에
뜻과 달리 살펴야 할 말이 많아 울지 못한다

제대로 운다는 것은
불협음 거느리고도 제 소리 지키는 파도 같아
천 년 썩지 않는 눈물 불러와 모래 긁으며 운다

혼자 오래 걷고 싶었다
어디에도 연락이 닿지 않도록 전화기 던져두고

낯선 길, 저물어도 어둡지 않을
들길 건너는 바람처럼 울음터 찾고 싶다

섬

1
혼자 있어야 할 일이 많은 나와
혼자 울어야 할 일밖에 없다는 너를 위해
섬 하나쯤 마련하리

너를 생각하는 마음
함부로 드러내면 때묻을까

오래 마음에 넣어두었다가 너 없는 오늘
발끝 치는 파도쯤 차갑게 맞을
달빛에 숨어사는 섬 하나쯤 마련하리

2
꿈은 어디서나 피는 채송화였지

닿을 수 없는 높이에서,
방황이 어울리지 않을 나이란 언제쯤일까

혼자 나선 강변길에

도깨비 풀씨들 우르르 달라붙는다

소금기 저린, 키 낮은 몸들이
따뜻한 말과 생각과 정이라도 있었으면

담벽에 걸쳐놓은 그물에 마르는
햇살 스며 말랑해지는 물가자미처럼
살자고 매달리던 양자어매 손 닮은
섬 하나 떴다

길

아침 서리밭 건너온 바람 한 점에
오래 숨겨졌던 슬픔의 뼈가 앙상히 드러난다

그물을 깁다 말고
제 삶마저 연민으로 기워내는 갯가

소매 끝 여미다 말고
들여다 본 손등엔
가을볕 찬바람이 옮겨와
갈라진 대지의 흐름, 주름간 길이 거칠다

할아비의 아비에서 어미의 어미까지
갯바위 엉긴 파래 뜯다 닳은 호미날
그 힘으로 길 밖의 길
다 열 수 없지만

모래톱 길게 주름간 뼈 하나
목청 갈라진 파도소리 저며내고 있다

먼 집

드문드문 눈 무더기가 멍든 채 구석으로 몰려가 떨고 섰다 더는 마음을 맡겨둘 풀섶이든 불빛이든 보이지 않았다 길을 걷는데 사방에서 파도가 덮쳤다 막걸리에 쪄낸 가자미 뜯으며 자꾸 아득하기만한 빈 집 허물었다 노물 앞바다 누운 바위 앞에 와서 외치는 소리 닿을 수 없는 먼 집 나의 골목 낮은 불빛으로 까물거리는 어디에도 기록되지 않은 그늘집 씻어내도 지지 않는 얼룩으로 파도치고 있었다 길이 끝나는 데까지 겨울이 번져 있었다

바다 한 점

노랑가자미 뼈까지 다져
숟가락으로 퍼먹었다

내 어미의 살과 피로 범벅이 된
우주 한 조각이었음을 알았다

알고 난 뒤 토해지지 않는
내 살과 피 속에 녹아버린 뒤였다

덕장에서 살이 녹아내리며
마르고 있는 바다 한 점 나를 본다

2

심연의 귀 열면

물 아래 가던 새

갯바위가 떠도는 거품을 물었다 아귀의 틈새 많은 아가미로 바닷물 뿜듯 새어나오는 한숨 같다 소깝깔비 한 짐에도 어깨가 아픈 가난이 솔숲에 자맥질을 하다 산등을 바라 달려오던 파도에 잡혔다 잠시 잠시만 숨을 참으면 물밑, 파노라마의 영화를 볼 수 있지 눈 앞이 흐리고 호스로 오는 공기의 느린 흐름 호미로 전복 뜯어내다 물 아래 가던 새 보던 사내를 떠올렸다

나는 지금 물 아래 있다
파도에 몸 뒤집으며 노을이 된다

수평선

달빛 아래 어떤 사물도 평면이 된다 입체감 지우는 빛은 세상에 드물고, 그를 바라보는 이도 드물어 수평선은 한낮에도 제 몸에 새겨진 달빛의 힘을 믿는다 주름 간 신성의 바다 수평선 자락은 평면으로 바뀐 서랍을 매달고 산다 서랍 속에 눈이 내리고 파도가 기를 쓰고 높이를 뿜어낸다

배는 비었다
고기도 사람도 차갑게 빠져나간 자리
머물러도 떠나도 그만인 자리는 없지만
아무도 기억하지 않는 심해
가라앉는 생명은 없다지 그 배는 비었다

꿈이 너무 길어 자꾸만 잘려 나가고 이어지는 꿈은 달라진다 그래도 우리는 수평선 자락을 잡고 눈높이의 바다를 사랑한다고 이 부서진 기관 속으로 드나드는 새들을 본다 신성의 날개로 돌아오는 또다른 수평선 자락

그대의 옷자락 넓고도 깊어
뭇 생명들 닿고자 하는 언덕, 따뜻함의 풀밭,
마지막으로 태워 올리는 망자의 눈길
스며드는 수평선 자락

신발

복숭꽃 지는
사월 마지막
이승의 짐 내려놓은
아버지

허둥대는 우리 탓으로
선선히 가지 못하고

홍도화 지고 난 자리
사잣밥 놓인 곁

홀로 비 맞는
고무신 한 짝

불가살

붉게 술 취한 듯 제 몸 가누지 못하던 별 하나 파도에 밀려나와 조개껍질과 볕살 아래 마른다 밭둑에서 널찍하게 냄새를 뿌리던 둥근 쇠똥처럼 노랑노랑 꽃받침 다 젖히고 해바라기 익듯이 짙은 갈색으로 둥글게 무늬를 그리던 별 제 몸이 부서져 백색 왜성으로 몰락했다가도 다시 빛을 회복하여 별이 되는 저 파도의 세상, 부활의 생명, 그러나 밤하늘 같은 바닷속을 어지럽히는 불청객, 불가사리들 제 몸에 유리 조각 박히듯 반짝이는 몸, 물가로 밀려나온 별을 불쏘시개로 쓰는 마을이 있다 그 마을엔 밤마다 별이 쏟아진다

7번 국도

잠 속의 꿈보다
잠 밖의 꿈 더 오래 꾸었지

아비와 같은 바다를 바라보던 산등

바다가 먼 곳의 삶이 절박하다지만
질긴 꿈 그물처럼 어디든 발을 걸었다

파도가 없다면 세상이라 하랴
묵묵히 멀미 또한 꿈이려니

어깨 높이쯤 스스로 몸 낮추어
세상에 호명되지 않은 이름 찾으면

파도가 바퀴에 되감기는
구빗길 7번 국도

술잔

오래도 소식 알지 못한 채
낯선 듯이 살다가도
문득문득 구름처럼 피어오는 얼굴이 있고

여러모로 수소문하여 알아보면
그는 이미 바다로 돌아간 지 오래라고

잠시 파도 사이 일렁이는 목소리
너 대신 인형에다 술잔을 치고
투명한 눈물을 마신다

무너미로 밀리는 축항에
바다는 노을도 없이 까맣게 타고 있다

심연의 귀 열면

물살에 떠도는 빛살이 가라앉는다
차분하게 제 몸이 지닌 순수를 되찾는 시간
어둠이 차오르는 그늘, 거기 심연이 있다

심연의 귀 열어두면
지층처럼 쌓인 어제들이 열린다
마당을 굴러다니던 얼음 달빛 주울 수 있을까

아홉 식구 건사하는 초가 걷어내고
잘 살아보자고 얹은 기와 얼마나 무거웠을까

눈발 속 걸어가는 아비 등 바라보다
불무골 자락 흘러가는 어둠살 바라보다
복숭가지로 군불을 지피면
가지치기하던 아버지의 낮은 목소리가 스며든다

　살아 생전에
　한번은 멋진 바람으로

오래 떨어진 친구들을 몽땅 모아놓고
복사꽃 그늘에 꽃보라 맞으며
도화주에 얼근히 취하고 싶습니다*

뒷덜미에 닿는 선득한 한기가 뜨겁다
경건해지는 눈발, 복숭나무 볏가리 위에 쌓인다

* 방태석 시 「머리 아픈 일일랑 생각하지 맙시다」 중에서

셈법

그 바다는 어디쯤, 제 마음을 들여다 보고 섰을까 눈 내릴 듯 도시의 불빛들이 제 밑자락에서 흔들리는 겨울 저녁 눈발 날리듯 날려가 바다와 함께 내 마음도 들여다보고 싶었다 남은 날이 짧아진 뒤에야 비로소 돌아갈 곳을 찾지만, 바다가 먼 곳에서 그리운 바다라고 적고는 가지 못한다 부러진 연필 버리듯 어디 버렸는지도 잊은 얼굴들, 신발들 어렵기만 한 삶인 줄 모두 알면서도 아무도 달아나지 않았다 부활의 힘을 믿는 바다를 오래 바라보던 그 순한 믿음들 바다 가까이 와서도 물때를 알지 못한다 노을이 기울 때가 되어서야 물가에 어슬렁거리는 것이 제대로 때울 끼니가 부족한 탓인 줄을 철들어야 알았다

떠나와서는 안 될 곳이었을까

동해

괭이갈매기는 돌벼랑 중턱 회색 똥바른 안녘, 잡풀 두어 개 사이 가슴 하나 따로 두고, 뱃전에나 어슬렁대다 살 무너진 정어리 대가리나 낚아채는 괭이는 수협 창고 안 썩은 상자 비린내 사이 가슴 하나 따로 두고, 대처로 간 누이 입술에는 부푼 가슴 하나 빨갛게 타고, 오갈 데라고는 없어 축항 한녘 종이 담배나 말아 피우는 할매는 늘상 구멍가게 낮은 탁자에 막걸리 두고 삽니다 때론 뱃사고 소문이 파도 끼고 돌면 모두가 가슴 하나 꺼내들고 꺼이꺼이 웁니다 풍랑 소식만 들어도 꺼이꺼이 소리내어 웁니다 그래도 가슴 하나쯤 시렁에 갈무리해 둔 옥수수 씨앗이라서 때맞춰 꺼내들 수 있답니다

동해, 가슴 하나쯤 따로 두고 삽니다

식은 밥

밤 깊어서도 눈 그치지 않았고, 아버지 태운 선창호는 돌아오지 않았다 처마 밑에 램프 걸어두었지만, 불빛은 마당도 채 벗어나지 못한 채 닦아둔 등피만 그을려 깜박거렸다 식어버린 밥덩이 씹으며 울지 마세요 목소리가 되지 못한 말 눈으로 내린다 영덕 창포 사람들의 기억에도 없는 마을 하나 눈에 덮혀 고요의 바다가 되고 있었다 뭍에 닿지 못한 몸, 아궁이에 불 지필 생각으로 눈발 헤치며 오래 걷고 있었을까 아직 난바다에 갇혀 있어도 울지 마세요 그냥 바람에 쓸리는 구름이나 되었을까 처마에서 떨던 불빛 하나 녹고 있다

3

파도 노는 양 볼작시면

동해

내게 왔던 사랑
파도의 문장으로 적어낸다

노을로 돌아와
무량겁 그물 내던진다

모래밭에 빛나는 文彩
성대 울음 초록 별빛이 된다

바다의 문체

1

사람보다 먼저
모래톱에 제 마음 적는 파도
세상에 다시없는 말씀

깨우지 못한 신명
발끝 간지럽히며 투명한 무늬 연다

2

화석에 새겼다가
다시 뭍으로 올라온

많은 생각들이 녹아든 문장의 은빛 비늘
오랜 생각들이 스며든 행간의 등푸른 일렁거림

눈 내리는 적막 앞에서
깊은 목소리로 서사를 읊조린다

3

파란만장의 문체 품은
적멸의 눈송이로 승천하는 파도

생명 그 어느 하나
허술하게 버리지 못해
파도 소리로 모래톱에다 심어두고

일만 깊이가 품은 바다 골짜기
향유고래라든가 천사물고기
일만 깊이가 품은 바다
無何鄕*의 언덕을 연다

* 장자의 '無何有之鄕'에서 가져옴

주상절리대

저 가릴 수 없는 광휘 속 처용 아낙
제 꽃판 열어놓고 눈부시게 누웠다

설레는 마음 파도에 숨었다가 드러났다
낙인으로 그만 몸까지 내려놓았는가

천년, 기억의 곳간이 비어지자
그 바다 너무 오래 쓸쓸했던가

온몸 파도에 맡겨놓고도
긴장으로 터지는 꽃잎으로 누웠다

젖어드는 꿈길
처용 아낙이 미역귀 따며 오갈 때
낮술에 취한 처용은 솔숲 바람 불고 다녔다니

누구에게는 다가갈 수 없는
누구에게는 심심할 적마다 물방울 날리며 드나드는

처용 아낙의 치렁한 검은 머리에
하얀 둘레 쓴 천년 연꽃이 피었다

파도가 노는 양을 볼작시면

*

바다는 거대한 윷판이다

파도들이 제 몸 던져 도, 개, 걸, 윷, 모를 논다
말판에다 도, 개, 걸, 윷, 모를 새기듯, 갯바위에 제 걸음을 새겨놓고
진양에서 휘모리까지 가락 붙여다 넣는다

천지적막 잔잔하여 도
출렁거리고 일렁거리며 다가오는 개
하얗게 부서져 휘청, 윷가락이 뒤집어진 윷
사이 걸
어디에도 닿지 않을 물길 어디든 닿는 능수능란의 모

말판이 되어도 좋고, 말판에 구르는 말이어도 좋다
신명 나서 제 흰 옷자락 휘날리며 소나무에다 제 윷가락을 던져도 좋다
모내기 논바닥에다

못줄 당기듯 주르륵 물길 당겨다 놓고
여기저기 소리하며 재바르게 초록모를 꽂듯이
모래밭 여기저기 마음 내려놓고 소리자락 펼친다

사람들이 배를 몰고 다니며 닺을 내리면
우르르 몰려와 이리 치고 저리 치며
목숨 걸고 고기 걸고 그물 내리는 새 윷판을 연다

*

궁상각치우 뚱땅,
유월 한낮 장거리에 윷판 펼치니
엇박이라 파도와 어우러지지 않네

파도가 노는 양을 볼작시면 아줌씨 손 재발라 흥부 박 탄 뒤 박짝 털어놓은 모양이네 쌀박짝 하나 떨어놓고 밥을 하여 한데 뭉쳐 던져놓고 받아먹고 던져놓고 받아먹고 아이고 먹는 것도 힘이 드네 돈박짝 하나 떨어놓고 주워담고 던져놓고 주워담고 우르르 싸안아 받아먹고 윷가락이 올라갔다 내려갔다 우르르 구르는 윷가락에 엎어지고 자빠지고 파도가 부서지듯 엎어지고 자빠지고 아차차 굴러가서 낙이네 낙, 낙낙장송 우거진 솔숲으로 우르르 파도치고 파도치니 갯바위에 천방지방 소쿠라지고 펑퍼지며 파도치고 자빠지니 윷이요, 엎어지니 모로구나 모, 흰쌀이 도르르 굴러가듯 흰쌀 되듯 자르르 몽돌 굴리며 오고가는 틈새 잇차잇차 그물을 털어내네 투닥닥 떨어지는 멸치, 비늘이네 몸통이네 다시 그물 당겨 털어내고 모아놓고 털어내고 쌓이네 돈도 좋지만 근심도 쌓이네 어물전 간고등어 도로 생물인 듯 눈에 파란 불이 붙네 황모단 청모단 붉은 비단에 여름장이 나부끼네

속 모르는 사람들이야 웃어야제
궁상각치우 뚱땅

바람맞이

달과 파도가 그물처럼 어울려 깊은 어둠을 끌어올리고 있었다 수평선 너머 빛이 동그랗게 몸을 말며 낮은 눈높이라도 위로해 줄 서늘하고도 따뜻한 달빛을 떠올릴 것을 생각했다 파산한 뒤 돌아보는 스산한 지구처럼 달빛을 지우는 어둡고 깊은 파도가 일고 있었다 바람의 바다로 몸 내밀고 어둠에 묶인 듯 그냥 파도에 빨려들고 있었다 어둠을 들이마셨다가 내뱉고 있었다 바람이 바다의 숨길에 빨려들고 있었다 긴 호흡이었다

꼽등이

가마 타고 말 타고 가는 길이 뭐 대수라고 추령재 사이 거쳐 수렛재를 넘어 가면 다리가 풀린다 일목요연이 흐트러진다 용연 폭포길은 내리막길이고 구빗길이다 기림사 고요의 수국 보러 가는 내리막길이다 감포 밑자락 감은사까지 봉길 앞바다 왕릉 행차. 사람이든 말이든 지치고 힘든 구빗길이다

말 구부러진 길이고
몸 엎드러진 길이고
물 미끄러운 길이다

천년 해가 바뀐 뒤에도 흙으로 돌아가지 못한 채 뒹구는 떡갈나무 잎들의 귀천을 함께 하느라 어둑해진 숲, 해동머리 솟아난 물길이 진득하게 앉아 있다 어둠 속 돌아다니는 꼽등이들이 낙엽 더미 속에 뭉개고 있다가 발자국 소리에 놀라 이리저리 튀어 달아나는데 함께 가던 친구놈이 아비 무덤으로 행차하던 왕의 수레를 끄느라 등이 굽은 채 살게 됐노라고 그 힘겨운 나날을 애잔하게

노래하는데

작은 소리에도
길섶으로 달아나는
우리는 꼽등이가 되어버렸다

바닷가에서도 검바위 틈새 몰래 웃었다
우르르 달아나는 저 꼽등이,
몇 번의 환생 속 환한 얼굴을 하고
언제 마주 웃는 사람의 꼴을 갖추게 될까

거북처럼

어느 난바다 물목을 떠돌다 정치망에 걸려 커다란 눈 껌벅이는 오래도 살았다는 등에다 조개랑 파래랑 물미역을 기르는 거북처럼 선선한 물바람 일으키며 돌아오는 네 영혼 있어 그리 살아 돌아온다면 오늘 이 하루 축항에 서서 어둠의 눈바람 맞아도 허전하지 않으리

까무룩해진 바다 한 편으로 눈은 내리고 쌓이지도 못한 채 소리없이 죽어가는 저 맑은 넋들. 거기 네 흰 소맷자락이 일렁인다면 바다로 가서 까맣게 잊은 듯이 사는 천 년 거북도 부럽지 않아 홀로 눈 맞으며 즐거우리

바리떼기를 불러오고 밥사발 바다에 담가 넋을 건지고 그 헛헛한 위안의 춤을 추고 징소리에 맞춰 새옷을 사르고 사르고 눈물로 지워가는 네 선한 눈매와 죽어서 색시 인형처럼 곱다뿐인가 그 웅숭깊은 눈길에 얼마나 깊은 인연 담고 있다던가 분네 할미 얼마나 안스러워 하던가 화촉동방 꾸며놓고 그 영원한 부활의 세계 빌어보는 날

난바다 어디에선가 거북이 대가리 설렁설렁 흔들며 물살따라 이 갯가로 나오듯이 네 사라진 넋 선선히 다가 온다면 사월에 내리는 이 어처구니없는 눈발, 넋꽃이 되지 않으랴 하얗게 꿈이 되지 않으랴

옷자락 팔랑이듯

머리 위로 회색의 구름 시간이 흐르고,
마을 아낙들 하나씩 슬픔처럼 구름 이고 집으로 돌아갔다

굿청이 있던 자리엔 파도와 달과 별이 이따금
함께 슬퍼한 사람들 마음자리 어루만지며 오고갈 것이다

머리 위에도 나도 모를 시간이 파도와 함께
제 무게 조금씩 얹어놓기도 내려놓기도 할 것이다

넋 건지느라 댓가지를 담궜던 갯바위 옆엔
마음보다 더 굳은 몸으로
파도 위에 떠오는 저 늙은 해녀의 머리 위로
부들거리는 미역 다발 끝, 이른 봄이 반짝거리기도 하겠지

산기슭 물들이는 복숭꽃 흐름,

바닷물도 덤으로 얹혀 번들거리며
모두가 구름 시간의 한 축으로 몸을 바꾸면

흘려보낸 어제들, 내게로 흘러오는 오늘들
그 틈새로 내일이 힐끔이듯 옷자락 팔랑이듯

나와 눈 마주치는 뒷전의 주인들이 풀어내는 짧고도 슬픈 춤
머리 위에 놓인 영원을 잠깐 엿본 탓인가

징소리에 몸살 앓듯 떨려오는 몸, 파도가 떤다

동해, 분홍 해돋이

젊은 시절에는 감히 쳐다보기 어려운 빛깔의 꽃이 있어 외면하거나 담벽에 몰래 엿보기도 하는 능소화의 노란빛 우려낸 분홍이라거나 백일홍의 붉음 속에 노란 속꽃의 소용돌이 같은 욕정 앞에 근거도 없이 맥락도 없이 볼 붉어 함부로 눈 주기에는 마음이 아직 설레는 일이 많고 죄 없이도 죄인 듯 여겨지는 일이 많지만, 자식 손잡고 한 이불에 석삼년 머물다 보면 새삼스레 그 분홍의 봄이불 빛깔이 그리움으로 피기도 하는, 무화과 잎을 찾지도 않을 나이가 되어 부끄러움은 말로만 이리저리 떠돌 뿐, 꽃잎 같은 것. 제주 성 건강 박물관이나 압해도 에로스 서각 박물관을 껄껄대며 거니는 그런 편편해지고 담대해지는 것이 있지

남사스런 일도, 새삼스런 일도 줄어버린 채 그러니까 마음 설레는 일이 줄어든 때, 여기, 고개만 돌리면 야고보의 무덤이 있는 산티아고 대성당 뵈는 곳, 성령이 깃든 것도 잊어버리고 오월의 알베르게 마당을 짙은 분홍으로 수놓는 동백에 마구 취해 먼 이국의 여인에게 서툰 영어를 중얼거리게 하는

저 두레 방석,
저 분홍 꽃무늬 이부자리여
마당 가득 깔아둔 염정 소설,
첫 무대 동해여

4

너에게로 가는 길

노숙

집어등 화려한 바다 위로 별이 진다

가슴에 뜨겁고도 서늘한 금 그으며 별이 진다

위로 받을 사람들이 있어 덜 서러운 이들 곁에,

차갑게 식어버린 운석 닮은 희디흰 별꽃 내건다

나도 어쩔 수 없는 지구의 노숙자

바다 위로 지는 별처럼 사라지리라

나비춤

동해는 꽃 가지 하나 들어
웃음 짓게 하는 비법 전수 받은 바가 없어도
수많은 파도로 바위 하나 집요하게 깎고 있다

둥글게 깎여나간 자리마다
눈물보다 빛나는 흰나비 윤무 만들어내는
서늘한 법문, 차가운 빛보라 참하지 않니?

어디가 파도이고 어디가 흰나비인가
오, 눈에 밟히는 圓融無碍의 조약돌
돌바위 틈새 미역귀 뜯어내는 바라떼기 후예들이여

나비들이 바위에 들러붙어
천 년이면 갯바위 하나에 너끈히
절로 아는 사랑의 서약 세우지 않으랴

저 나비춤
고요의 달빛 번지는 파도 밟으며 오라

까치노을

너에게로 가는 길은 바다로 이어져 있다
어디까지 다가갈 수 있을까

난바다,
대화퇴에는 까치노을이 많다던데
오징어잡이 나간 뒤
여태 바다 밑 떠돌고 있는가

벗어나지도 못할 가난만큼
질긴 그물에 얽혀 바다에서도 벗어나지 못할 바엔
신작로 벗어나면 고무신 품고 걷던 사람들이나
석윳병 이고 산길 돌던 사람들과 같이
삼봉도나 그리워하며 살까
무릉이란 이름 뒷산에 붙여두고 살까

사월에 내리는 눈이
갯벌에 광목처럼 널려 있다

방파제 끝으로

쥐치를 잡아주겠다며
목선으로 나간 바다

주낙은 흔들리는 수평선으로 기울어
만날 수 없어진 눈길도 기울고

돌아보면 마을이, 함께 어울리던 집이
파도에 덮인 듯 돌아오는 길이 사라지고

너를 맞으려 징을 울리고
네 사진 앞세우고 쌀 담은 주발 앞세우고
바다에 던진 닭이 헤엄쳐 나오는 길 따라 돌아오라고

네 어미 바다 향해 팔 벌려 바람 안고
눈물을 떠나보낸다 돌아오라

네 사촌과 네 고모까지 광목필 잡고
네 마음 떠나보낸다 돌아오라

파란만장의 꿈이
가라앉은 바다의 들머리,
꿈을 위해 나아가리라 소리치던 땅끝

삶은 방파제 끝으로 오고 방파제 끝으로 간다

멸치

찢어진 비닐 봉지에서
숨겨진 슬픔처럼 멸치 몇 마리가 새어나왔다

찢어진 부분을 휘감아 쥐고도
잡지 못한 사랑처럼 빠져나가는 멸치 보다 말고

휘청, 그림자가 비틀거렸다. 잠시 길과 발이 어긋난 셈
이다

사는 일은 다 조금씩은 비틀거릴 것이라 믿는다
나보다 더 많이 뭉개진 멸치, 바라봄, 마음을 비운다

길바닥에 떨어진 멸치는
달빛처럼 어둠으로 스며들 것이다

대문 앞에서 크게 한숨 몰아쉬고
달빛처럼 가난 속으로 걸어들어갈 것이다

부엌 안, 식은 아궁이 속 같은 저승일지라도 살아 있
으니

아귀

아귀가 아구를 쩍 벌리고 바람 들이마시고 있다 참빗살 같은 붉은 아가미에 바람 걸러지고 남은 햇살 몇 톨 심해의 부레를 말리고 있다 바다를 벗어나려 안간힘 쓰던 친구가 원양에서 그물 놓고 소식을 지운 뒤 영덕 오일장터 어판장 뒤꼍 덕장에 걸려 누구도 길을 막지 않았는데도 스스로 유폐한 듯 바다로 가지 못하고 하늘로 비상하려는 저 아귀는 아구를 쩍 벌리고 풍등이 되고 있다

해파리

그물에 걸려 몽글거리는 해파리를
축항 테트라포드 위에 던졌다

오래 하얗게 말라붙어 떨어지지 않았다
원래부터 하나였던 것처럼

우리 목숨이 바다에서 떨어지지 않았듯이

바다 위든 바닷속이든
내 몸을 누이면,

그곳이 삶의 마지막 자리이리라

저 하얗게 빛나는 해파리도
하나였던 파도로 돌아간 것일 뿐

농게

일생을 두고 뭍으로 건너가 본 적이 없어 갯무꽃 피는 봄날이면 북촌에 들르기도 하고 뭍에서 물질하면 돈 벌 수 있다지만 뭍으로 끌려간 아비의 행방도 몰라 북촌 바위 틈새 숨어 핀 엉겅퀴로 살았다지 짧게 다가왔다가 얼른 제 발가락을 바위 틈새로 숨겨놓는, 사르르 얼어드는 갯벌을 쏘다니며 생계를 잇느라 저 집게발만 발갛게 부은 농게가 물이 나간 갯벌에서 경험하지 못한 세상에 대한 부러움으로 긴 눈자루를 치켜든 채, 갯벌 속 어둠에다 두려움만큼 깊이 집을 마련하고 호기심과 맞닿은 죽음의 갯벌 너머를 엿보고 있다 눈자위에 가득한 주름으로 눈매만 남은 작은할머니 갯벌을 내다보고 있다

코다리를 내걸다

봄볕에다 얼다 만 코다리를 내걸었다

제 몸에 깃든 결빙의 시간을 풀어내고 있다

아가미 틈새로 발갛게 얼어붙은 사연을 뜯어내어

긴 이별 예감하는 눈물을 흘린다

아직 제 몸에 가득한 말의 섶을

뱉어내지 못한 아쉬움에 아가리를 벌리고 있다

가시지 않은 비린 삶의 냄새가 칙칙하게 배어있는 오늘,

속 깊은 말은 볕에다 말려두자

오래 앓던 속 비워내고 마른 바람 몇 올 심어

그립다는 말이 녹아날 때까지

당신이 돌아올 때까지 내 목숨 바람에 내걸어 두자

실종기

불멸을 꿈꾸던 별 하나가 빛을 잃어버리고 추락하고 있다 어느 버려진 묵정밭 오래 지키고 섰던 뽕나무 서너 그루도 추락하고 있다 사람의 손이 닿아야 비로소 피가 돌고 윤기가 난다는 말들도 함께 추락하고 있다 채 담아내지 못하여 길섶으로 묻어야 했던 어제들이 밤마다 바람으로 몸 바꾸어 돌아오는 이 낯선 도시의 골목으로 기댈 수 없는 별 하나가 추락하고 있다 차갑게 너는 얼어 있었지 묻히면 잊혀지는 것 연고가 사라지면 모두가 묻히는 것 난바다에 파도로 떠도는 너의 몸, 산등에서 함께 나누던 말들이 바람으로 돌아오면 우리들도 볕살 가득한 봄날, 하늘되는 바다와 만날 수 있겠지 저 묵정밭이 개망초로 가득 일러주는 말들이 더는 함께 들어줄 사람을 잃어 별과 같이 추락하고 있다

봉인封印

불타는 바다를 지나다녔다 출근길 만나던 긴 모래밭 나날이 핏빛으로 돌아와 쓰러지고 넘어지는 바람으로 숲을 이룬 장사 남정중학교 옆 솔숲에는 학도병 무덤이 섰고 가까이할 수 없는 군부대도 주둔지를 옮겨갔다 모래밭 틈틈이 박힌 탄피 몸 속을 헤집다 빠져나온 탄알, 기다림의 손 내민 채 희석되어간 마음들 철조망에 깎인 흔적마저 지우고 싶었을까 학교가 문 닫고 열차카페도 문 닫고 귀신 체험의 집도 문 닫고 사람들의 기억마저 문 닫고 일흔 해가 지나 문산호 문 열었다

먼 산 보듯 오가던 진불, 후회합니다

동해

어판장 바닥에 깔린 비늘에서도
고무장갑에 묻어나는 오징어 내장에서도
그물에 매달려 찢겨나는 멸치에서도
오랜 그리움에 진무른 눈가에서도
그대 손 들어 떠난 항구에서도
바위 적시며 천만 가지 연꽃 펼쳐 드는 파도에서도
그대의 영혼 일깨우려는 안타까운 굿거리에서도
당목에다 소원 적어 광목 내거는 어매 손길에서도
때를 알지 못하는 희망처럼 떠오는 햇살에서도
돌아오지 않는 배 기다리는 허전한 축항에서도
쓸쓸한 우리들의 노래, 그 어느 구절에서도
그대 기다리는 아낙의 손길에서도
빛나는 것은 빠짐없이 젖어 있다
모두의 희망처럼

5

푸너리 사설

진달래 벼랑

장사, 진불 어디쯤 수로부인이 짐짓 그리운 이 불러오려고 벼랑의 진달래꽃을 청했다지요 속내 모르는 늙은이 그만 제 정념만 생각하고는 꽃 따다 바쳤다는데 수로부인 속내도 모르는 무정한 남정네들 모두 바다로 나가 모랫바람에 매 좀 맞아야 한다고 용왕님 청해 소소리바람 차게 불러왔는데 용왕도 사내라 수로부인 앞에 스르르 무릎 꿇어버렸다지요 힐끗할끗 구경하던 마을 아낙들에게 못 보일 꼴을 많이 보여 주었다는데 그때부터 이 마을엔 남정네만 죽어라 바다 일하는 그런 봄이 왔다지요 솔밭에 남은 바람이 여태 그 이야기하느라 제 등 굽은 줄도 모른다지요

매듭

장구 매듭을 조이면
수평선 팽팽하게 당겨진다

서낭당으로 발걸음으로
댓잎 흐르는 바람 속 채는 떨리고
그대 불러오는 목소리도 날이 섰다

지금은 피난처, 우리 가슴에
매듭 하나 짓자고 서낭으로 모여 들면

댓잎 같은 초승달이
바다 속살 파고든다

박사고깔에 숨어드는 영혼이여
꽹과리 소리에 일어서는 혼령이여

삼이웃

험한 파도의 밤바다를 별과 함께 건너온 탓이다 불빛 하나에 삼이웃 모여 하나의 생각으로 반짝이는 눈길을 만드는 탓이다 굿당에 펼쳐지는 어제의 목소리 모두가 익숙한 마음자리로 인도하는 탓이다 바리떼기 사설 속에 모두가 바리떼기가 되는 이적이 곧잘 펼쳐지는 눈물이 있는 탓이다 품 너른 적삼 소맷자락에 손수건 하나쯤 눈물받이로 감춰두고 몰래몰래 주름 사이로 떠도는 물길 잔잔히 거둬들이는 저 삼이웃 할매들 바닷가 모래밭 펼쳐진 굿당 따뜻하게 감싸고 있다

집어등

살만큼 살았지만
어미가 다시는 낭패하는 일이 없었으면

몸을 잃어 도움 닿을 길 없지만
삼이웃에 두루 인심 얻고
맘 편하라고 죽은 자식이 남기는 마지막 굿판,

수천의 달이 밝히는 노물 앞바다
차일 두르고
굿당에 불 밝히면
바다 위에 뜬 달빛이 파도 타고 모여들 듯

여저기서 찾아와
안고 서고 누운 삼이웃 바리공주 할매들에게
조금이라도 외진 사람이 없도록

잔치 음식 나누듯
눈물 고인 눈 주름에도

누운 이의 허전한 허리에도
길게 뻗은 굽어 지친 다리 위에도
머릿수건으로 하품 가리는 손등에도

굿청의 불빛 노놔주고
바리떼기 사설 한 자락씩
품어주고 있다

광대들 불러 모아

영해 영덕 놀던 광대들
파도 일으키면 바다는 너른 굿판이 된다

아침놀이 다시 저녁놀이 되고
저녁놀이 아침놀이 되는 것
파도 타고 파도 넘어 다시 나고 다시 죽는

잠시 잠깐 스쳐가는
파도 무게에도 아파 오는 모래들이
마침내 파도에 몸 던지는 저 장엄한
저승 노을이 펼쳐진다

메아리처럼 풀어지는 몽돌들이 바다가 된다
달맞이꽃처럼 환호작약하는 파도는 가벼워

바다에 오면 모두가
귀하고 귀하신 손님이 된다

귀신은 매한가지, 어디 무엇으로 나눌까
그냥 노을 풀어놓은 물살 하나로 다 안아준다

오색 만장에 남은 먹빛 짙어지는 저녁까지

이곳저곳 다니다 춥고 배고프면
몸 열어 안아주는 사람이 광대라며
박정해서야 사람 임내 어찌 내겠느냐고
굿판을 연다

징소리

굿청이 마련된 모래밭
새벽에서야 빈 자리가 나기 시작했다

잠이 줄어든 만큼 차지한
탄식의 깃폭이 찢어져 슬픔 툭툭 던져놓던 한숨,
그 빈 자리 징소리가 휘돌다 바다로 나갔다

파도에서 흘러나오는 냉기는
시리다 못해 사시나무처럼 떨게 만든다

파도는 천천히 넋두리처럼 들리는 노랫가락
밤새 심청 사연 들먹인 춤사위도 이젠 지쳐

다시 힘을 넣으려 설장구 두드리고
꽹꽈리를 치면,
불쑥 불쑥 고개 내미는 파도 이랑처럼

그대를 향한 그리움에 비는 손길도

불에 덴 듯 달아오르기 시작한다

참고 견딘다는 것은
심장이 차갑게 얼지 않으면 안 된다

산기슭 벼랑에다 목숨 내거는 일이라
징소리가 쉴 틈 없이 산등 타고 오른다

수박에 술 꽂아놓고

포플라 잎들이 조금씩 바다쪽으로 기울어졌다
어진 회색의 하늘도 함께 기울어졌다

오고 가고 나고 들고 하는 자리
어디 하늘 밖에 따로 있으랴만
네 온 자취 네 간 그림자 못찾아
징 두드리며 마당 돈다

초례상 위
수박에 술 꽂아놓고
댓가지 흔들어 꽃 피우라고
화촉동방 꿈 저승에서라도 펼치라고
멀찍이 앉은 네 누이와 형님이
인형 각시 앞세우고 맞절하느니

조금씩 다가갈 수 없는 거리 앞에서
더러 손 모으고 더러 무릎 꿇고
더러 퍼질러 앉아

하나 같이 생각 모으는 한 때

이승과 저승 하나로 어우러지는 마당

처마끝, 빗물 떨어지는 마당 자리에
조개 껍질 박아 흙 다져 놓고
물길 열어두던 네 마음같이
다시 절하고 술잔 나누고
화촉동방 인형각시 나란히

저승길, 함께 하라고 길 열어 두는 징소리

풀각시

풀각시라도
아름답게 꾸며
동해나 너른 벌에다
네 그리움의 몸짓으로 풀어두고
저고리 앞섶에 매달리는 이승의 인연이
저승이라고 덜하랴만
저승에도 가지 못한 채
구천 헤매이는 한 거두라고
이물 끝에 앉아
징 울리느니

동해,
저 빛살도 내리지 않는 깊이에
누운 듯이 들고 맘 편히 가라고

풀각시라도
아름답게 꾸미나니
난바다 어느 물목에서 만나

다정스레 어깨 다독이며
천방지방 먼 길, 벗님 삼아가라고
꽃을 뿌리며 징 울리나니

파도에 겹쳐지는 징소리
이랑이랑 너울이구나

모사잔에 내리는 눈

모사(茅沙)잔에
솔잎 몇 가닥 묶어 세워두고
이승의 미련과 설움 다지듯
모래 눌러 지듯이 다져두면
눈물은 하늘에도 있어
머언 산 돌아 눈발이 날린다

처마 끝 맴도는 눈발,
촛불 밝히고 방문 열어두면
귀신 응감하듯 불빛 흔들리고,

차가운 듯 어리는 손길에 감기는
촛불의 흐느낌 위로 허전히 술잔 치면
솔잎 타고 내리는 술은
모래도 적시고 기다림도 적시는데
어쩌다 에미 술잔 받는 자식이 되어
솔잎 푸르름 속으로 살아오는가

작업복 바지 깊숙이 숨겨져 있던

누군가의 본 듯한 여린 사진.
상 곁에 두고 보노라면
그렇게도 양복 한 벌 맞추고 싶어하던
마음에 새삼스레 후회가 내리지만,

네 어깨 다독일 육신이 없어
눈물 반 술 반으로 잔을 치면
떨리는 문풍지 소리
먼 산 눈발이 저고리섶에 설레인다

푸너리 사설

산 깊고 물 깊고 사람 깊고 깊고 깊은 천지 밖에 북 장고소리 깊고 깊은 바다를 깨우는데 은은하고도 깊게 번져가는 징소리, 가볍게 나비처럼 날아다니는 저 꽹과리 소리 속 너는 아직도 잠에서 일어나지 못하느냐 사대 육신 멀쩡하니 뚜벅뚜벅 걸어 나오너라 나비처럼 팔랑팔랑 춤추며 나오너라 거북처럼 엉금엉금 기어서라도 나오너라 내 마음은 모래밭처럼 네 생각들이 모지라지고 바스라지고 뭉개진 뒤에도 언덕 이루고 둑 이루고 마침내 파도에 파헤쳐져 검게 타버린 속마저 드러나는 이 날, 북 장고소리 날개 편 듯 솔숲으로 오르내리고 꽹과리 징소리 산등을 타고 오르내리는데 어서 나오너라 댓잎 가지 타고 나와도 좋고 쌀 담은 주발 속에 숨어 나와도 좋고 던져넣은 수탉의 벼슬 자리에 파르라니 입술 떨며 나와도 좋으리니 저리 숨가쁘게 넘어가는 무녀의 사설 끝에 내지르는 장고 소리 듣고 있느냐 천지광명을 지닌 왼갖 부처님 불러내는 꽹과리 소리 듣고 있느냐 온갖 살을 풀어내고 액운을 막아내는 한 고개 두 고비를 넘기는 푸너리는 숨쉴 틈도 주지 않고 도는데

*

태평소가 산 정기 물 정기 다 뽑아내며 마을 연기 가락으로 휘감고 소맷자락에 감아쥐고 휘도는 뒤끝 하늘도 돌고 땅도 돌고 산도 돌고 돌아 돌아오는 이 모래밭, 너는 징소리 낱낱이 모래 짬짬이 묻혀 모래가 되기 전에 어서 오너라

용선에 넋 태우고

무명 두어 필 풀어내어
용선 타고 가는 영혼은 어디에 있는가

네 가던 날마냥 오늘도
가슴 도리는 하늬바람 닿는데

파도는 어린양하듯 축항에 닿고

꽹과리
장고 소리에도
물 속에 드리운 소줏병에도
너는 듣고 있느냐 너는 보고 있느냐

그대 소줏잔 너머 서린 눈물 몇 방울
동해 언저리 돌다 가자미 눈매에도 살아오는 걸

당금애기 제석님 계신들 네 몸뚱어리 찾으려나

어느 자손이 명을 마다하고 어느 자손이 복을 마다할까 세세야 앞앞이 명 타자고 축원이요, 복 타자고 축원인데*

용선 태워 삼베 가르며 건너가는 이승길
눈 멀고 가슴 멀고 눈물만 남은 네 어미, 길눈 어두워 휘청대네

* 동해안 무가 중에서

목탁 소리 방생하다

투명 비닐 봉투 속에 꿈틀거리던 지느러미 몇을
목탁 소리와 함께 바다에다 풀어 헤쳤다

방생의 축복 내렸다 잠시,
생명 함부로 한 업장 내려놓고
바다로 미끄러지는 저 광어들 어디로 갈까

제 섭생의 기운 서로 어울리는 바다였으면 하는데
그대 생각 부질없이 왈칵, 쏟아졌다간 흩어진다

드넓은 모래밭이 아득하여 맴도는 듯 어지럽다
이리 쏟아져 나올 만큼 그대는 내게 오래 머물렀던가

생각 속으로 스며들었다간 주르르 빠져나가듯
터진 틈 사이로 사라지는 그대 사랑,
쓸모없는 생각만으로 잠시 바다를 잊는데

기다림이 많았던 한 생애 풀려나는 듯한

열린 세상이 펴졌는가 새로 옮겨간 바다에서는 평온할까

굿청을 걷으며

이제 남은 일이 없다고
더 이상 해줄 수 있는 일이 없다고

모래밭 틈틈이 스며들 징 두드리면
동녘, 하늘 한 켠으로 구름이 풀리고

이승에서는 다잡을 수 없는 마음의 끈도
덩달아 센날진 파도에 하얗게 풀리고

굿청을 걷으며
길고 긴 무당의 넋받이 끝에
네 살아 설웁던 나절도 풀리고

네 살아 입던 옷 짚배에 띄워
바리떼기 살생꽃 찾아가던 심사로
서천 극락으로 가리 기원하던 손길도 풀리고

파도 만나면 파도 되어 파도 넘고

바위 만나면 바위 되어 바위 넘고

구름 구르듯 징소리 울리며
네 그리움으로 태워 올리는 옷자락,

가슴으로 파고드는 불내는
허허로이 풀썩대며 타는 댓가지에 맺힌다

굿청 불빛

물꼬가 물꼬 터놓듯 한 그리움이 파도치자 다른 그리움이 너울지고 굿판 돌고 도는 가락 꽹과리 소리 잦은 소리 굿거리 장단에 다들 제 가슴 안녘에 숨겨두었던 그리운 얼굴을 꺼내들고 함께 굿판 돌고 돈다 별이 아니었지만 별보다 빛나고 달이 아니었지만 달보다 밝은 굿청의 불빛 하나 반딧불이의 춤사위 마냥 밤하늘 흔들고 그저 넋두리로 그칠 내 나날이 때론 빛나는 시절이었음을 가슴 울컥하게 하는 빛이 내 몸에 숨어 있다가 굿청의 불빛 천지 가득 밝히며 하나된다 어둔 모래밭 지나 천지 적막 까치노을 뜬 바다에 집어등 아니 안개 속을 우련 밝히는 등대되어 환해지고 따뜻해지는 이 눈물겨운 기쁨, 불빛이 묘해 축항 바닥에 퍼질러 앉아 오징어배 가르던 불어 튼 손등에도 온기가 번지네

시인의 산문

내가 끌어다 쓴 동해

내가 끌어다 쓴 동해

1

내 딸이야 내 딸이야 살았느냐 죽었느냐
살았거들랑 대답을 하고 죽었거들랑 대답을 말아라
내 딸이야 내 공주야 얼마만큼 찾는구나
아무리 울어도 대답이 없구 울어봐도 대답이 없네
—오구굿

푸너리는 장단이다. 별신굿에서 각거리를 시작할 때 쓴다. 바다와의 만남이 파도이듯, 굿과의 첫만남이 푸너리다. 다채로운 장고 장단이다. 굿이, 노래가 열린다. 잘게 몰아치는 새벽 파도를 닮았다. 밤새 별들을 모아 장단으로 풀어내는, 새벽 바다로 나갔다가 시퍼렇게 살아 뛰는 멸치떼를 담아오는 신명이 있다. 푸너리의 어원은 모르지만, 닫힌 세상을 열어가는 장단이다. 무당도 삼이웃도 함께 마음 풀어놓고 울고 웃는다. 오구굿으로 삶과 죽음이 드나들고, 거리굿에 이르러 굿청을 걷는다. 동해

안의 굿은 자유롭다. 그래도 늘 지금, 여기가 중심이다. 푸너리도 그런 세상의 하나이다. '푸너리' 장단이 잊혀가고 있다.

2

아부지요 뼈 생겨나소 아부지요 살 생겨나소
아부지요 심줄 생기고 아부지요 일신이 생기소
삼혼은 칠백이나 칠백은 흩어지고 삼혼일랑 모아주소
이리 쓰다듬고 저리 쓰다담고 아부지 일신이 생겨 나는구나
—오구굿에서

바리공주는 아비 오귀대왕을 오색동화로 살려낸다. 굿을 하는 마음도 이와 다를 바가 없다. 바리공주가 오래 굿판을 떠도는 이유다. 굿판을 찾아온 삼이웃 노인들도 다들 마찬가지다. 그리움의 노래들이 이 파도 앞에서 숨막히면 위로가 되지 못하는 경우가 있다. 그 자리에 굿이 선다.

파도, 찢어진 고향, 달아나는 사람들의 등 뒤로 반짝이며 꺼져가는 거품, 빛무리. 고향은 늘 돌아보는 눈빛 속에서 모두를 지우는 노을. 손길 하나에 지워지는 모래

성. 그나마 남은 노래, 모래알 몇 손바닥에 올렸다가 움켜쥐고 당금애기와 바리공주를 부르고, 조금씩 모두에게서 멀어진다. 유목의 삶과 닮아간다. 그 속에 흩어지는 고향을 본다.

사람이 파도 같다는 말은 오고감이 덧없다는 뜻이다. 그래도 바다는 제 어깨를 내주지 않은 적이 없다. 수평선은 늘 눈높이에 있다. 우리에게 어깨를 내준다는 것은 언제든 기댈 수 있다는 뜻이다. 그래서 그 바다 앞에서 함부로 할 수 없는 존재감을 느낀다. 동해를 일상으로 만나는 사람들에게 그 바다는 하나의 종교다. 절실한 믿음의 대상이면서 의존의 대상이다. 갯바위 곁에다 촛불을 밝히고 비손을 드리거나, 벼랑 앞 솔그늘에다 작은 제사상을 마련하고 치성을 드리기도 한다. 파도와 마주하여 밤 새워 장고를 치기도 한다. 믿음이다. 그 믿음이 오래 이어질 것이라 믿는다.

3

염불로 길을 닦아 가실 적에 오귀문을 열어 오귀문을 열어설랑

극락세계로 가신답니다 그러니께 본시 영가께선 오귀문을 열어설랑

바리떼기를 따라 서천서역국 좋은 극락세계를 가시는구나

—오구굿에서

동해에 해파랑길이 있다. 혼자 걷기에 즐거움을 주는 길이다. 하루분의 적당한 길이와 모래밭, 자갈, 솔숲과 벼랑이 있다. 마을이 들락날락하며 끊어지고 다시 이어진다. 사람과 자연이 서로 밀고 당기는 길이다.

그러나 언제부터인가 불편하게 보이는 대상이 있다. 솔숲 속에 힐링 공간이라며 풀빌라나 카페가 여유를 누리고, 그 주변으로 따개비처럼 갯바위에 붙은 낡은 마을이 무너지지 않으려 버티고 있다. 요트와 뗏마의 대비, 누림과 버팀. 삶이 그렇지 않은가. 그런 허전함을 견뎌야 한다. 이와 닮은 꼴이 모래밭이다. 사람들도 힘을 보태 짚을 엮어 바람에 날려가지 않도록 막고, 자잘한 솔을 배게 심어 모래밭이 쓸려나가지 않도록 힘쓰고 있다. 더 심한 곳은 최후의 보루처럼 모래주머니를 쌓았다. 그러나 그 틈새도 파도가 깎아버려 모래주머니만 덩그라니 자갈더미 위에 떠밀리는 곳도 곧잘 있다. 돌아보면 안타까운 바람이 인다.

이 생각은 파도 한 방울에 불과한 관심일지도 모른다. 그러나 그 파도 한 방울이 세상을 바꾸는 힘이 숨어 있다. 평범한 사람들의 삶, 그 파도 한 방울 속에 얼마나 많은 희노애락이 녹아 있을까? 익숙해져 무심히 넘겼던 풍경이 사실은 오랫동안 우리들을 지켜준 풍경이라는 사실. 또한 삶의 안정감을 준다는 사실을 생각한다.

상처를 가리지 못하는 저 아픔. 버티는 버거움. 길 위에서 만나는 집들도 다를 바가 없다. 삼이웃으로부터 더 멀어지기만 하는 이즈음이다. 바다의 풍경을 나는 오래 바라보는 일이 늘어났다

4

손돌석이 죽은 날도 지났는데
꽃샘일까
내일이면 우수다
대동강물도 풀린다는데
왜 이렇게 자꾸 오나

복숭아꽃 가지마다 붉은데
눈이 온다
고요히.
—방태석, 「봄눈」

우리 세상에는 무수한 산들이 있다. 물리적 높이에서 감히 견주기 어려운 높이의 산도 있지만 어깨를 견줘 보

고 싶은 용기를 품게 하는 산들도 있다. 그 어느 것도 산이다. 그래서 높이에 의해 모든 가치가 결정되는 것은 아니다. 유우석의 누실명(陋室銘)에서처럼 신선이 살면 이름나게 된다.

영웅들의 서사가 아닌, 평범한 일생을 살고도 그런 높이를 생각하게 하는 사람들이 있고, 그런 사람들을 만나고 함께 한 공간에서 숨길이 오갔다면 그 어찌 마음 든든하게 하는 뒷배경이 아닐 수 있을까?

내게 평범하지만 우러를 수밖에 없는, 그러면서 쉽게 다가설 수 없는 높이에 아버지가 있었다. 그러나 아버지보다 더 오랜 시간을 이 땅에 머물면서 문득 아버지의 높이가 모든 평범한 아버지들이 제 어깨를 누르는 무게를 견딘 결과로 얻은 공감의 높이라는 사실을 알았다.

이제 그 무게를 느끼며 살고 싶다. 그 첫 작업이 동해 푸너리다. 동해는 평범했던 사람들의 삶이 모여 이루어진 공간이다. 늘 외면당했거나 존재감을 얻지 못했지만, 강하고도 억센 사투리만큼 삶의 의지가 척박한 땅과 바다를 헤치며 살아간, 알려지지 않았으나 잊어서는 안되는 사람들의 서사이다. 평범한 사람들이다. 그런데 그들이 맞닥뜨린 현실은 평범하지 않았다. 그럼에도 아이들을 기르고 공부시키고 도회지로 내보내 자신들에게 주어졌던 족쇄를 깨트리게 하였다. 변화를 가져온 숨은 힘이다. 드러난 힘보다 숨은 힘은 강하다. 드러난 파도보다 더 깊은 바다의 힘과 같다.

내가 나고 자란 곳은 작은 지도엔 이름도 나오지 않는 궁벽진 곳이다. 우리 마을은 더 가난하여 좁쌀밥 서 말이라도 먹고 시집 가면 잘 사는 축이란 말을 듣던 곳이었다. 사라호 태풍으로 마을 지형이 바뀌고 들판이 황폐화된 곳에서 밭을 일구고 복숭아를 심었고, 어느 정도 가난을 벗어나게 된 것이 오래 되지 않는다. 과수원 바닥에서 김을 매고, 나무 밑을 기어다니며 가지치기한 나무를 모아 방을 데우고, 보릿짚 자리를 깐 원두막에서 어른이 되었다. 나도 또한 그런 숨은 힘에 기댄 바가 많다. 바다와 복사꽃이 자연스럽게 내 몸에 스며들었다.

> 아무도 돌보지 않은 땅
> 아무것도 자라지 않은 땅
> 자갈이 내려 덮인, 버린 강변 땅
> 여기 몇 억만 년이나 살겠다고
> 태고적 처녀지에
> 줄을 치고/너와 내가
> 웃으며 못난 복숭나무를 심었다.
> —「임과 복숭밭」

아버지의 시에 나오는 한 구절이다. 그분들의 땀으로

나는 시를 쓴다. 내 언행 속에 가난의 어투가 제법 많다. 어쩌랴. 학교보다 더 자주 마주한 곳이 과수원 흙바닥이었다.

어쨌든 마을에서 일상 겪는 굿, 가난에서 벗어나려고 몰래 새벽차를 타고 도시로 떠나던 사람들, 어떻게든 살아남으려 발버둥치던 사람들, 그 모두가 가슴에 담겼지만, 자랑이 되지 못하던 공간, 그래도 살았다. 태백산맥을 건너 동쪽, 동해에 맞닿은 공간은 중심에서 먼 곳이다. 그래도 고향은 늘 돌아가야 할 곳이라 생각한다.

5

염불로 길을 닦아 가실 적에 오귀문을 열어
오귀문을 열어설랑 극락세계로 가신답니다
그러니께 본시 영가께선 오귀문을 열어설랑
바리떼기를 따라 서천서역국 좋은 극락 세계를 가시는구나
—오구굿에서

나중에 할 수 있는 일, 나중에 할 수 있을 것이라 미뤄두거나 나중에 하겠다고 생각한 일들은 결코 다시 할 수 없을 것이다. 할 수 있을 것이란 믿음만으로 할 수 없

기 때문이다. 나중에 할 수 있을 일보다 지금 할 수 있는 일을 해야 한다. 나중이란 다른 세상이다. 다른 세상에서 할 수 있는 일은 지금 할 수 있는 일과 다르다. 문학도 다를 바가 없을 것이다. 젊어서 읽히는 책이 있고, 그 반대의 경우도 있다. 장 그르니에의 『섬』은 쉽게 읽히지 않았다. 젊은 시절에 몇 번이나 들춰봤지만, 그 밍밍한 전개들이 그렇게 가슴 설렘을 주지 않았다. 아마 젊은 심장은 뜨거운 열기의 서사, 폭풍같은 열정의 소설들이 알맞은 것인지도 모른다. 나이 들어서 꺼내 읽으니 그저 밍밍한 그 맛이 와 닿는다. 바다도 그렇다.

코엘료의 『순례자』 첫머리에 다음과 같은 구절이 있다. 바다에 줄 수 있는 또다른 상찬의 언어일 것이다.

> 성전의 길은 몇몇 선택된 자들의 길이 아니라 모든 사람의 길이네! 그대가 지니고 있다고 믿는 힘은 아무런 가치도 없는 것이야. 다른 이들과 나눌 수 없는 힘이기 때문이지!'

나눌 수 있는 힘, 나는 아직 문학에 있다고 믿는다. 또 코엘료의 『순례자』 서문에서 이런 말을 만났다. '비범한 것은 평범한 사람들의 길 위에 존재한다는 것', 그러니까 시 속에서는 평범한 사람들의 삶이라 곧 잊혀지지만, 그 사람들이 아니었다면 지금의 나는 없고 삶의 기반도 없을 것이다.

가장 평범하고 사소한 사람들의 삶을 기록한다는 것이 결코 쉬운 일이 아니다. 그것이 동해에서 무수히 오간, 파도와 같은 것이다. 바다를 바라보는 것, 또다른 삶의 순례, 구도의 길과 같다.

만인시인선 79
동해 푸너리

초판 인쇄 2023년 6월 20일
초판 발행 2023년 6월 25일

지은이 / 방 종 헌
펴낸이 / 박 진 환

펴낸 곳 / 만인사
출판등록 / 1996년 4월 20일 제03-01-306호
주소 / 41960 대구광역시 중구 명륜로 116
전화 / (053)422-0550
팩스 / (053)426-9543
전자우편 / maninsa@hanmail.net
홈페이지 / www.maninsa.co.kr

ISBN 978-89-6349-178-3 03810

값 12,000원

만/인/시/인/선

1. **이하석** 시집 | 高靈을 그리다
2. **박주일** 시집 | 물빛, 그 영원
3. **이동순** 시집 | 기차는 달린다
4. **박진형** 시집 | 풀밭의 담론
5. **이정환** 시집 | 원에 관하여
6. **김선굉** 시집 | 철학하는 엘리베이터
7. **박기섭** 시집 | 하늘에 밑줄이나 긋고
8. **오늘의 시 동인** | 「오늘의 시」 자선집
9. **권국명** 시집 | 으능나무 금빛 몸
10. **문무학** 시집 | 풀을 읽다
11. **황명자** 시집 | 귀단지
12. **조두섭** 시집 | 망치로 고요를 펴다
13. **윤희수** 시집 | 풍경의 틈
14. **장하빈** 시집 | 비, 혹은 얼룩말
15. **이종문** 시집 | 봄날도 환한 봄날
16. **박상옥** 시집 | 허전한 인사
17. **박진형** 시집 | 너를 숨쉰다
18. **정유정** 시집 | 보석을 사면 캄캄해진다
19. **송진환** 시집 | 조롱당하다
20. **권국명** 시집 | 초록 교신
21. **김기연** 시집 | 소리에 젖다
22. **송광순** 시집 | 나는 목수다
23. **김세진** 시집 | 점자블록
24. **박상봉** 시집 | 카페 물땡땡
25. **조행자** 시집 | 지금은 3시
26. **박기섭** 시집 | 엮음 愁心歌
27. **제이슨** 시집 | 테이블 전쟁
28. **김현옥** 시집 | 언더그라운드
29. **노태맹** 시집 | 푸른 염소를 부르다
30. **이하석 외** | 오리 시집
31. **이정환** 시집 | 분홍 물갈퀴
32. **김선굉** 시집 | 나는 오리 할아버지
33. **이경임** 시집 | 프리지아 칸타타
34. **권세홍** 시집 | 능소화 붉은 집
35. **이숙경** 시집 | 파두
36. **이익주** 시집 | 달빛 환상
37. **김현옥** 시집 | 니르바나 카페
38. **도광의** 시집 | 하양의 강물
39. **박진형** 시집 | 풀등
40. **박정남 외** | 대구여성시 20인선집